Wie die Katze zum K kam

Die lustige Geschichte von der Katze, die zu spät zur Namensverteilung kam

von Karin Pfeiffer

W0332053

LENDERSDORFER TRAUMFABRIK

Stolz Verlag
Edition Lendersdorfer Traumfabrik

www.stolzverlag.de

Kleines Vorwort

Das kommt davon, wenn man zu spät kommt! Für die Katze sind bei der Namensverteilung nur noch vier Buchstaben übrig: A T Z E.
Wie auch immer sie diese Buchstaben zusammenfügt, der Name gefällt ihr nicht: ZETA, TAZE, ETZA ...
Nun gibt es ja bekanntlich nicht nur Probleme auf dieser Welt, sondern auch die Lösungen für dieselben. Also geht unsere ATZE auf die Suche nach einem Buchstaben, der ihren Namen verschönern könnte. Wenn doch nur eines der Tiere bereit wäre, einen Buchstaben abzugeben! Es folgt ein munteres Herumprobieren und Buchstabentauschen! Allerlei Heiteres kommt dabei heraus – zum Beispiel, wenn der BÜFFEL seinen ersten Buchstaben opfern soll. Er tut es natürlich nicht, genauso wenig wie die MAUS.

Diese Geschichte fordert uns auf, mit der Sprache zu spielen, zu schmunzeln und zu lachen. Jeder Leser, ob groß oder klein, sollte der Aufforderung zum Sprachspiel nachkommen! Darüber freut sich nicht nur die ATZE, sondern auch Eure

Karin Pfeiffer

Die Namen werden verteilt

Als die Namen verteilt wurden,
eilten die Tiere in die Schreibstube.
Allen voran trampelte ein Ungeheuer.
Es war riesengroß,
hatte Beine wie Baumstämme,
einen langen Rüssel
und Stoßzähne aus Elfenbein.

„Wie willst du heißen?“ fragte der Schreiber.
Der Schreiber saß hinter einem
großen Setzkasten aus Holz.

In diesem Setzkasten befanden sich
26 kleine Kästchen.
Diese enthielten alle Buchstaben,
wohlgeordnet nach dem Abc.

Das dicke, graue Tier mit den
Baumstammbeinen hob seinen Rüssel
und trompetete:

„E LE FANT!“

Dem Schreiber rutschte die Brille von der
Nase, so laut dröhnte das.
In seinem Setzkasten suchte er die
Buchstaben:

A E E F L N T

Dann fügte er sie richtig zusammen.

Der ELEFANT durfte seinen Namen mitnehmen.
Stolz stampfte er zur Tür hinaus.
Der Schreiber trug den Namen in eine Liste ein, die schon viele Seiten lang war.

Als nächstes schlüpfte ein roter Geselle zur Tür herein.
Er trug ein prächtiges Haarkleid.
„Ich bin schlau!“ bellte er. „Ich will FUCHS heißen.“

Der Schreiber suchte die Buchstaben

C F H S U

aus dem Setzkasten und reihte sie
sorgfältig aneinander.
Der FUCHS durfte seinen Namen mitnehmen.
Stolz schlüpfte er zur Tür hinaus.
Der Schreiber trug den Namen
in seine lange Liste ein.

Die Tür wurde aufgestoßen.
Eine lange, grüne Schnauze schob sich in die Stube. Der Schreiber erschrak:
Was war das für ein Tier?
Aus dem riesigen Maul ragten spitze Zähne.
Der Körper schien gar kein Ende zu nehmen.
Mit der Schnauze hing das Ungeheuer schon über dem Setzkasten. Aber sein langer Schwanz war noch draußen.

Mit zitternden Fingern ordnete der Schreiber die Buchstaben:

D I K K L O O R

Auch das KROKODIL durfte seinen Namen mitnehmen.
„Puh“, stöhnte der Schreiber, als es draußen war. Er wischte sich den Schweiß von der Stirn.

Den ganzen lieben langen Tag ging das so.
Ein Tier nach dem anderen holte sich seinen Namen ab.
Alle, alle eilten sie herbei:
die Tiere der Luft,
die Tiere des Wassers,
die Tiere des Waldes,
die Tiere der Berge,
die Tiere der Wüste,
Tiere ohne Beine,
Tiere mit zwei Beinen,
Tiere mit vier Beinen,
Tiere mit sechs Beinen,
Tiere mit acht Beinen
und der Tausendfüßer.

Es kamen die großen Tiere und die kleinen und die allerkleinsten.
Auch die MÜCKE und der FLOH holten sich ihre Namen ab.

Die ATZE

Gegen Abend war der Setzkasten leer.
Da huschte auf Samtpfoten
noch ein Tierlein herbei.
Es trug ein elegant gestreiftes Haarkleid.
„Was willst du denn noch?“ fragte der
Schreiber.
Er war sehr müde und hatte schon die Brille
abgenommen und den Hut aufgesetzt.
„Feierabend!“ sagte er.

Das Tier setze sich.
Seine Bewegungen waren sanft und anmutig.
Es rollte seinen Schwanz um den Körper.
Irgendwo unter seinem Fell
begann ein kleiner Motor zu laufen.
„Ich will meinen Namen abholen!"
maunzte das Tierlein.

Der Schreiber setzte die Brille wieder auf.
„Da bist du aber zu spät!“ seufzte er.
Er deutete auf den leeren Setzkasten.
„Weshalb bist du nicht früher gekommen?“
Das Tier schaute ihn freundlich an.
Es hatte wunderschöne gelbe Augen,
die wie Bernstein glühten.
Dann begann es sich zu putzen.
Es dachte über eine Antwort nach.

„Mal sehen“, murmelte der Schreiber.
Er bückte sich und hob die Buchstaben auf, die unter den Tisch gefallen waren:

A E T Z

Sie versuchten gemeinsam, daraus einen Namen zu basteln.
Wie sie auch die Buchstaben hin und her schoben, es wurde nichts rechtes daraus.

„Ich will aber nicht ZETA oder ATEZ oder TAZE heißen!“ jammerte das Tierlein.

„Wie wäre es mit ATZE?“ fragte der Schreiber.

Vom Nachdenken hatte die Stirn des Schreibers vier tiefe Falten bekommen. Er setzte die Buchstaben zusammen und trug den Namen in seine Liste ein.

Die ATZE aber schlich betrübt davon.

ROSCH, ÖWE und AUS

Die ATZE schämte sich.
Sie fand ihren Namen unschön und dumm.
„Vielleicht schenkt dir jemand
einen Buchstaben von seinem Namen“,
riet der schlaue FUCHS der unglücklichen
ATZE.

Da überlegte die ATZE,
welcher Buchstabe wohl am besten
vor ihren Namen passen könnte.
Vielleicht sollte sie die MÜCKE,
den FROSCH oder den LÖWEN
um einen Buchstaben bitten.
Oder lieber den RABEN, den HUND
und den TIGER?

Die ATZE ging zum HUND und fragte:
„Willst du mir einen Buchstaben abgeben?"
Der Hund bellte und sagte:
„Wenn ich dir das D gebe,
heiße ich HUN. Gebe ich dir das H,
dann rufen sie mich UND.
Nein, ich habe keinen Buchstaben
für dich übrig!"

Die ATZE ging zum KÄNGURU und fragte:
„Gibst du mir einen Buchstaben
von deinem Namen ab?“
Da wurde das Känguru schrecklich böse.
Es schimpfte: „Gerade eben hat mir
eine Bande von 12 Räubern das H gestohlen,
auf das ich so stolz war. Ich hieß nämlich
KÄNGURUH. Und jetzt kommst du,
und willst mir noch einen Buchstaben
wegnehmen! Verschwinde, aber schnell!“

Wen die ATZE auch fragte, alle sagten NEIN.

Die MÜCKE wollte nicht ÜCKE heißen,
der FROSCH wollte nicht ROSCH heißen,
der FISCH nicht ISCH,
die AMEISE nicht MEISE,
der RABE nicht ABE
und der FUCHS nicht UCHS.

Nun war kein Tier mehr da,
das die ATZE um einen Buchstaben
bitten konnte.
Sie setzte sich unter einen Baum
und begann sich zu putzen.
Dabei beruhigte sie sich.
Es wurde dunkel, die Nacht kam.

Oben im Baum hockte eine EULE.
Sie saß auf ihrem Ast und
schlug die Augendeckel auf und zu,
auf und zu.
„Hallo, ATZE!“ rief sie herunter.

Die ATZE hörte auf, sich zu putzen.
Sie schaute hinauf.
„Ein kleiner Rat, ein kleiner Rat“,
sagte die EULE,
die alles zweimal sprach.
Die ATZE spitzte ihre Ohren.
Ihr Schnurrbart zitterte.

Die EULE sprach: „Einer meiner
Verwandten hat sich einen
unmöglichen Namen ausgesucht,
unmöglichen Namen ausgesucht.
Alle machen sich
darüber lustig, lustig.“

Sie klappte die Augen auf und zu,
auf und zu.

„Wenn mein Verwandter ausfliegt,
brüllt der ganze Wald vor Gelächter,
vor Gelächter.
Und die Kühe auf der Weide
fallen vor Vergnügen um, Vergnügen um.

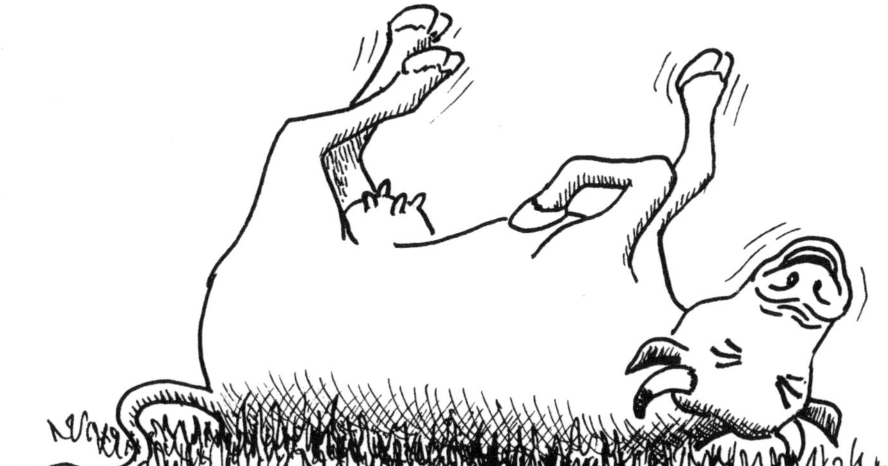

Tagsüber wagt er sich nicht mehr heraus,
schläft lieber in seiner Felsenhöhle.
Und alles nur deshalb, weil er
einen so komischen Namen hat.
Frage ihn, frage ihn!“
Die EULE klappte die Augen auf und zu,
auf und zu.

„Wer ist es denn und wie heißt er?“
wollte die ATZE wissen.
Die Eule aber antwortete nur:
„Geh hin, dann
wirst du es sehen,
wirst du es sehen.
Es ist nicht weit
bis zu seiner Wohnung,
Wohnung.“

Sofort sprang die ATZE auf
und lief zu der Felshöhle,
in welcher der Verwandte der EULE schlief.
Sie wollte warten, bis er aufwachte.
Und so legte sie sich hin und wartete.

Der König der Nacht

Der König der Nacht,
wie ihn die Tiere voller Spott nannten,
war sehr scheu geworden.
Er wich allen anderen Tieren aus.
Deshalb erschrak er sehr,
als er die ATZE unter seiner Höhle liegen sah.
Die ATZE blickte ernst nach oben
und fragte: „Wie heißt du?“

Der Vogel gab keine Antwort.
Die ATZE betrachtete ihn genau.
Seine Augen waren groß und rund,
an den Ohrenspitzen standen Haarpinsel
in die Höhe.

„Na – ?“ bohrte die ATZE.
Da kam von oben ganz leise
die Antwort herunter: „KUHU.“
„Wie?“
„KUHU.“
Die ATZE verbarg ein Grinsen
unter ihrem Schnurrbart.
Die EULE hatte recht gehabt.
Der Name war zum Brüllen komisch:

KUHU

Nun brachte die ATZE ihr Anliegen vor. „Willst du mein U haben?“ fragte der KUHU gleich hilfsbereit. „Ich habe zwei davon.“ Mit einem U konnte die ATZE viel anfangen. Aber war das auch gut?

Sie probierte hin und her. Vor lauter Nachdenken kräuselten sich ihre Schnurrbarthaare.

Das U war also keine Lösung.
Außerdem wäre der KUHU
ohne den letzten Buchstaben
sogar eine KUH!
Sie dachten wieder beide nach.
„Willst du mein H haben?" fragte der KUHU.
Die ATZE dachte nach.
Dann sagte sie: „Willst du etwa UKU heißen?"

Jetzt blieb nur noch das K.
„Probieren wir es aus", sagte die ATZE.
Sie hängte das K an ihren Namen an:
ATZEK.
Dann schob sie das K vor ihren Namen:
KATZE.
Das gefiel ihr, und sie sprang herum und tanzte. Dazu sang sie laut:

KATZE

KATZE

KATZE

KATZE

KATZE !

Der Vogel hatte nur noch drei Buchstaben.
Auch er war damit zufrieden.
Er flatterte auf den Baum
und murmelte glücklich in sich hinein:
UHU

UHU

UHU

UHU

UHU !

Seither hat niemand mehr den UHU wegen seines Namens ausgelacht. Im Gegenteil. Einige Menschen waren ganz begeistert davon. Weil ihnen der Name so sehr gefiel, druckten sie ihn in großen, schwarzen Buchstaben auf gelbe Tuben.
Darauf ist der UHU ganz besonders stolz.

Und die KATZE?
Sie freut sich über ihren Namen. Genauso wie du dich über den deinen freust. Und damit sind wir am Ende der Geschichte.

Und jetzt lest mal
auf der nächsten Seite
weiter!

Liebe Leonie, Anna-Lena und Saskia,
lieber Florian, Markus und Felix,
und wie ihr sonst noch alle heißt:

Dieses Buch ist nicht nur zum Lesen da.
Es soll euch anregen zum Malen, Schreiben, Erzählen, dichten und vor allem zum Spielen mit der Sprache.

Probiert es gleich einmal aus! Ihr könnt allein auf Lesereise gehen oder gemeinsam mit jemandem, den ihr gern habt.
Das kann eine Freundin sein oder ein Freund. Das kann auch ein Erwachsener sein. Die Erwachsenen haben genauso Spaß an Sprachspielen, ihr braucht sie nur ein wenig aus der Reserve zu locken! Mit Buchstaben, Silben und Wörtern kann man so herrlichen Unsinn machen und darüber auch noch lachen. (Das reimt sich!)

Diese Geschichte ist schon von vielen Schulkindern gelesen worden. Die haben dann plötzlich Lust bekommen, selbst etwas zu schreiben und zu zeichnen. Gedacht, getan! Die Geschichten haben sie mir geschickt. Auf meinem Schreibtisch landeten große braune und dicke weiße Briefumschläge, darin enthalten die Geschichten der Kinder: witzige, komische, nachdenkliche und fantasievolle. Sehr gefreut habe

ich mich immer über die vielen schönen, bunten Zeichnungen!
Jetzt hört mir mal alle zu, ihr kleinen Leser und zukünftigen Schriftsteller: Schreibt mir doch mal, wie euch diese Geschichte von der Katze gefallen hat! Denkt euch selbst Geschichten aus und schickt sie mir! Ihr bekommt Antwort, heiliges Katzenehrenwort!
Eure

Karin Pfeiffer

Wen haben wir denn da?

Da ist ja einer aus der Räuber-Bande!